Antonello Borra

Erbario lapidario

Marco Vacchetti

Fomite Press
Burlington, VT

ISBN-13: 978-1-959984-87-0
Library of Congress Control Number:

Fomite
58 Peru Street
Burlington, VT 05401
www.fomitepress.com

10/28/2024

Per Agnese Gandolfi (1929-2023), mamma

Molti amici hanno passeggiato per questo giardino dei semplici e a volte suggerito delle potature. A tutti va la mia gratitudine, a Marco Vacchetti più di chiunque altro per aver pure illuminato ogni pianta con arte mirabile. Grazie a Dave Cavanagh, poeta raffinato, Joseph Acquisto, studioso infaticabile, Paul Hösle, dotto poliglotta, e DeepL Pro, programma amico, per le consulenze traduttive. Un ringraziamento particolare va a Marc Estrin e Donna Bister, che mi aprono sempre la porta di casa loro. E, ovviamente, grazie alla Schatza, musa domestica.

Più della metà di queste poesie sono apparse in rivista a partire dal 2020: grazie alla direzione editoriale di *Ecozon@, Italian Poetry Review, L'immaginazione* e *Steve* per l'ospitalità.

Many friends have walked through this herb garden and at times recommended some trimmings. My gratitude goes to all but to Marco Vacchetti more than anyone, as he also illuminated every single plant with wondrous art. Thank you to Dave Cavanagh, refined poet, Joseph Acquisto, indefatigable scholar, Paul Hösle, learned polyglot, and DeepL Pro, friendly program, for intervening on the English renditions. A special thank you to Marc Estrin and Donna Bister, who always open the door to their house to me. And, naturally, thanks to the Schatza, domestic muse.

More than half of these poems have appeared in different journals starting with 2020: thank you to the editors of *Ecozon@, Italian Poetry Review, L'immaginazione,* and *Steve* for their hospitality.

Contents

Erbario lapidario

Artemisia

La madre dell' assenza
da cui tutto incomincia;
amare per tre volte
le lacrime di questa
stella, diana dei boschi,
d' un' arte che risana
con un' esca gentile.

Artemisia

The mother of absence
from which everything begins;
love three times
the tears of this
star, Diana of the woods,
of an art that heals
with a gentle bait.

Artemisia

1

Peonia

Le rose a Pentecoste
sono senza le spine.
Guariscono gli dei
dalle nostre ferite,
rinascono più volte,
si fanno la radice
delle nostre cadute,
delle tante preghiere
taciute, o non capite:
il sangue di una rondine,
un picchio nella notte
di una luna che cresce.

Peony

Roses at Pentecost
are without thorns.
The gods are healed
of our wounds,
they are reborn again and again,
they turn into the root
of our falls,
of the many unuttered
prayers, or the ones not understood:
the blood of a swallow,
a woodpecker in the night
with a crescent moon.

Peonia

2

Alloro

L' oracolo è propizio:
raccoglilo col sole,
allora si concede
e la sua nobiltà
diventa la corona
di quel tuo sogno alchemico
che tanto piace al mondo.

Laurel

The oracle's propitious:
pick it up with the sun,
then it gives itself
and its nobility
becomes the crown
of that alchemical dream of yours
that the world likes so much.

Alloro

3

Ortica

Paura delle ortiche?
Dei fantasmi che arrossano
i ricordi sprecati,
che ritornano a galla
con un "noli me tangere"?
Coglile il giovedì,
che è giorno di mercati.

Nettle

Afraid of nettles?
Of ghosts that redden
our wasted memories,
returning to the surface
with a "noli me tangere"?
Pick them up on Thursdays,
market day.

ortica

4

Verbena

Aurora, dalle dita
color della verbena,
sa invitarti all' amore
e un volo di colombe
ti circonderà il capo.
Attenzione, però,
ché quelle stesse dita
non diventino i vermi
di passioni moleste,
che sottraggono linfa,
che prosciugano un cuore
che si cura con Bach.

Verbena

Aurora, with fingers
the color of verbena,
knows how to invite you to love
and a flight of doves
will surround your head.
Be careful, though,
that those same fingers
do not become the worms
of harassing passions,
that subtract sap,
that drain a heart
that heals itself with Bach.

Verbena

5

Datura

Come quando una strega
rifiuta di abiurare
per un qualche perdono
che si paga all' inferno
della propria coscienza,
così si prende il volo
ad occhi spalancati,
se un sabato al villaggio,
con la recente luna,
ci si abbandona al sogno.

Datura

Like when a witch
refuses to recant
in return for forgiveness
that one pays in the hell
of one's own conscience;
so one takes to flying
wide-eyed,
if on a Saturday in the village,
with the recent moon,
one indulges in a dream.

Datura

6

Salvia

La coda del serpente
si alzerà in volo, bianca,
e il ricordo del tempo
diventerà visione
di quello che ci aspetta,
poi un lampo ed un tuono,
una stanza assediata
alla luce di un lume...
E si salvi chi può!

Sage

The tail of the snake
will rise into the air, white,
and the memory of time
will become a vision
of what lies ahead;
then lightning and thunder,
a room besieged
by the light of a lamp...
and it's every wise man for himself!

Salvia

7

Girasole

Impazzire di luce,
gli occhi aperti nel sole
fino a perder la vista
e girare, girare
per misurare il tempo
senza alcuna vergogna
e arrivare a Van Gogh.

Sunflower

Going crazy with light,
eyes open in the sun
until you lose your sight
and turn, turn
to measure time
without any shame
and get to Van Gogh.

Girasole

8

Aconito

Quando la luna è piena,
andando a piedi nudi,
tracciate un cerchio attorno
al cuore della pianta,
girate per tre volte
su voi stessi, per tre
volte lanciate un urlo
e invocate la dea.
Poi col vostro falcetto
di rame, incappucciati
come un monaco astuto,
recidete di un colpo
la base dello stelo.
Un conato di vomito
e un lieve capogiro
è il prezzo da pagare
se per tutta la notte
ballerete coi lupi.

Wolfsbane

When the moon is full,
going barefoot,
draw a circle around
the heart of the plant,
turn three times
on yourselves, three
times let out a shout
and invoke the goddess.
Then with your sickle
of copper, hooded
like a cunning monk,
sever with one stroke
the base of the stem.
Retching
and a slight dizziness
is the price to be paid
if all night long
you will dance with wolves.

Acomito

9

Valeriana

Diamoci una calmata,
ché non vale la pena
di prendersela tanto:
l'elitropia in giardino
è buona per le capre
e il miele della vita
si distilla alla luce
del sole, non bisogna
mai lasciarsi invischiare
nel muco della notte,
restando ad occhi aperti
a contemplare il nulla.

Valerian

Let's take it easy,
for it is not worth
taking it so hard:
heliotropia in the garden
are good for goats
and the honey of life
is distilled in the light
of the sun, never
ever get entangled
in the mucus of the night,
open-eyed
to contemplate the nothingness.

Valeriana

Vischio

Portami il ramo d' oro,
che serve per l' ingresso.
Non ti ricordi più
dei baci sulla soglia,
di quelle perle pallide
tra foglie sempreverdi,
che però sono trappole
per chi vuole volare?
Non ti ricordi il fuoco
che brontola al camino
e fuori piove e piove
e il vento fischia e fischia?
Quell' ombra lungo il muro,
la gemma di una morte
più bella della vita?

Mistletoe

Bring me the golden branch,
which is needed for the entrance.
Do you no longer remember
the kisses on the threshold,
those pale pearls
among evergreen leaves,
which are traps, however,
for those who want to fly?
Do you not remember the fire
that grumbles at the fireplace
as it rains and rains outside
and the wind whistles and whistles?
That shadow on the wall,
the gem of a death
more beautiful than life?

Vischio

Ruta

Non avere rimpianti
e spegnere le fiamme
di Afrodite: un antidoto,
un veleno per gli altri
veleni, con le olive
che sono sacre a Atena.
Non avere rimpianti
e stare insieme a tavola,
mangiare e bere in pace,
consiglio di re Artusi.
Ma se l' odore intenso
urta, turarsi il naso
e poi bersi una grappa.

Rue

To have no regrets
and put out the flames
of Aphrodite: an antidote,
a poison to other
poisons, with olives
sacred to Athena.
To have no regrets
and sit together at the table,
eating and drinking in peace,
King Artusi's advice.
But if the intense smell
hurts you, hold your nose
and then have a schnapps.

Ruta

12

Giusquiamo

Noi, figlie di botaniche
ambizioni, con ceneri
di piante e d'altro ancora
approntiamo pozioni
nell'ombra. E nella notte,
a cavallo di scope
laminate di zolfo,
solchiamo i vostri sogni.
Non basteranno i roghi
di chi ama il diritto
alla tortura, quando
sorgerà un nuovo sole.

Henbane

We, daughters of botanic
ambitions, with ashes
of plants and more,
prepare potions
in the shadows. And at night,
riding brooms
laminated with sulfur,
we plough through your dreams.
Burnings at the stake will not be enough
for those who love the right
to torture, when
a new sun will rise.

Giusquiamo

13

Basilico

Sotto il portico, a casa
tutte nel loro vaso,
lì pronte a servire:
la salvia dei miracoli,
il fresco rosmarino,
la santoreggia nobile,
la maggiorana gracile,
il fiero dragoncello,
il timo rispettoso
eppure incandescente,
il prezzemolo, ovunque
benvenuto, persino
tra le pietre, la menta,
l'origano, il coriandolo,
l'alloro, la melissa
e l'erba cipollina.
E chi manca all'appello,
se il basilico regna?

Basil

On the porch, at home
all in their own pot,
there ready to serve:
miracle sage,
fresh rosemary,
noble savory,
gracile marjoram,
proud tarragon,
respectful yet
glowing thyme,
parsley, everywhere
welcome, even
between the stones, mint,
oregano, coriander,
laurel, lemon balm
and chives.
And who is missing from the roll call,
if basil rules?

Basilico

14

Achillea

Una telefonata
riporta a volte in auge
un dolore, ferita
che torna a sanguinare,
vecchio colpo di lancia
che ha lacerato il cuore.
E si dovrà aspettare,
per guarire, magari
una telefonata.

Yarrow

A phone call
sometimes brings back
a pain, a wound
starts bleeding again,
an old spear shot
that lacerated your heart.
And perhaps you'll have to wait,
in order to heal,
for a phone call.

Achillea

15

Elleboro

Detergersi la mente
al modo degli stoici,
pensando all'intestino;
starnutire sovente,
radice di benessere,
e a volte vomitare.
Portare per Natale
le rose al cimitero.

Hellebore

Cleansing the mind
in the manner of the Stoics,
thinking about the gut;
sneezing frequently,
the root of well-being,
and sometimes throwing up.
Bringing roses to the cemetery
on on Christmas Day.

Elleboro

16

Borragine

Il padre del sudore
allontana tristezze
e dà gioia di vivere:
andate a lavorare
voi, fratelli e sorelle!
Figlia del cielo azzurro,
serena e spensierata,
mi riposo in cucina.
Ma all'orecchio di un topo
un parente sussurra:
"Non ti scordar di me!"

Borage

The father of sweat
drives away sadness
and brings joy to life:
go to work
you, brothers and sisters!
Daughter of the blue sky,
serene and carefree,
I rest in the kitchen.
But in a mouse's ear
some relative whispers:
"Forget-me-not!"

Borragine

17

Ginestra

Il giallo della vita.

Broom

The yellow thriller of one's life.

Gimestra

18

Bucaneve

Supremazia del bianco:
il pericolo regna,
il latte dell'inverno
si rapprende in veleno.
Rintocchi di campana
e stelle del mattino
annunciano il ritorno
ai colori, al calore.

Snowdrops

White supremacy:
danger reigns,
the milk of winter
congeals into a poison.
Bells ringing
and morning stars
announce the return
to colors, to warmth.

Bucaneve

19

Dragontea

Nell'ora di Saturno
vedrai, durante il sonno,
demoni, morti e cose
terribili e inaudite,
un odore di carne
putrefatta attrarrà
insetti a centinaia
per dare un nuovo inizio
al ciclo del serpente
che si morde la coda.

Dracunculus

In the hour of Saturn
you will see, during sleep,
demons, dead people and things
terrible and unheard of,
a smell of putrefied
meat will attract
insects by the hundreds
to give a fresh start
to the cycle of the snake
biting its tail.

Dragontea

20

Menta

E chi non ha qualcosa
di cui si può lagnare?
Le ragioni del cuore
danno spesso alla testa.
Se un dio del sottosuolo
s'invaghisce di luce
e di calore prima
o poi ricercherà
quel verde rinfrescante.

Mint

And who doesn't have something
to complain about?
The reasons of the heart
often go to one's head.
If a god of the underground
falls in love with light
and heat, sooner
or later he will search
that refreshing green.

Menta

21

Camomilla

Come una mela, al giorno
d'oggi, non basta a fare
peccato o penitenza,
così sfogliare i petali,
ad uno ad uno, ad una
margherita è uno sbaglio:
non sempre tranquillizza.
Calpestare le stelle
che il sole sparge al suolo
ne libera il profumo
e la notte svaniscono
gl'incubi, il bianco e il giallo
riportano il riposo.

Chamomile

Like an apple a day
today is not enough
to sin or make penance,
so plucking the petals,
one by one, of a
daisy is a mistake:
it does not always appease you.
Stepping on the stars
that the sun scatters on the ground
releases their scent
and the nightmares
fade away, white and yellow
bring back your rest.

Camomilla

22

Coriandolo

Stelle filanti e maschere,
sapor di carnevale
e attesa di digiuni.
Già da un martedì all'altro
la vita si assottiglia
e si annuncia un profilo
d'Arianna, lineare,
che libera dai mali
del metallo pesante.

Coriander

Streamers and masks,
carnival flavor
and the wait for fasting.
Already from one Tuesday to the next
life thins out
and a profile is announced
of Ariadne, linear,
that frees us from the evils
of heavy metal.

Coriandolo

23

Celidonia

Per chi è come la rondine
schiuder gli occhi alla luce
non farà primavera.
L'usignolo che canta
forse è fonte d'invidia,
e l'upupa chissà?
Ma se manca il respiro,
serve un dono del cielo.

Celandine

For those who are like the swallow
opening their eyes to the light
will not make a spring.
The nightingale that sings
perhaps is a source of envy,
and the hoopoe, who knows?
But if one cannot breathe
one needs a gift from heaven.

Celidonia

24

Canna

Marcire, non marciare,
per spostarsi in avanti,
andare nel futuro
con il vento da prua.
Tubicino che pensa
e si salva nei suoni,
che non si fa sirena
di un signore del tutto,
che ti entra nel midollo
di punta, mentre attorno
il vento fa il suo giro.

Reed

Rot, not march,
to move forward,
to go into the future
with headwind.
Small tube that thinks
and is saved through sounds,
that does not become a siren
of a lord of the whole,
that gets into your marrow
with its point, while all around
the wind makes its rounds.

Canna

25

Viola

Non fate penitenza,
se non è necessario.
Leggetevi Porfirio,
il pensiero che vola
sulle ali universali
di amore, di speranza,
di fede e verità.
Ripudiate violenza,
non mangiate animali,
vivete l'umiltà.

Violet

Do not do penance
if it is not necessary.
Read Porphyry,
the thought that flies
on universal wings
of love, of hope,
of faith, and truth.
Repudiate violence,
do not eat animals,
live with humility.

Viola

26

Belladonna

Mistero senza fine,
questa signora delle
situazioni, dei sabba
e dei silenzi, quella
che non si gira, quella
che taglia senza posa
mentre fa gli occhi belli.

Belladonna

Endless mystery,
this lady of the
situations, of Sabbaths
and silences, the one
who doesn't turn around, the one
who cuts relentlessly
while making beautiful eyes.

Belladonna

27

Issopo

"Lavami e tornerò
più bianca della neve",
sussurra la camicia
della festa macchiata
da un peccato di gola.
Poi aggiunge "E so bene
che tornerò a sporcarmi".

Hyssop

"Wash me and I shall be again
whiter than snow"
whispers the stained
shirt from the party
after a sin of gluttony.
Then it adds, "And I know well
I'm going to get dirty again."

Issopo

28

Arnica

Attorno a san Giovanni,
ti storci la caviglia
andando a camminare
sui monti della Carnia
e il tabacco da fiuto
che avevi nella tasca
sprigiona gli starnuti,
diventa la radice
di un tuono alla salute
di Goethe, lo stendardo
di un lupo che sta al passo
coi giorni dell'estate.

Arnica

Around Saint John's Day,
you twist your ankle
on a hike
in the mountains of Carnia
and the snuff
you had in your pocket
releases the sneezes,
becomes the root
of thunder, to Goethe's
health, the banner
of a wolf keeping pace
with the days of summer.

Arnica

29

Angelica

Le donne e i cavalieri
che si corrono appresso
verso un luogo del cuore
spesso rischiano il senno.
Mai seguire chi fugge,
meglio stare da soli,
uscire con l'ombrello
anche quando è sereno,
masticare radici,
aspettare un messaggio
da un silenzio francese,
elisir certosino
per campare cent'anni.

Angelica

Women and knights
running after each other
towards a place of the heart
often risk their own sanity.
Never follow those who flee,
better to be alone,
going out with an umbrella
even when it's serene,
chewing roots,
waiting for a message
from a French silence,
a Carthusian elixir
to help live for a hundred years.

Angelica

30

Euforbia

Bellissima, la stella
che a Natale si accende
e fa chiaro il cammino
del dono che preannuncia
un mondo nuovo, il latte
che nutre col ricordo
dell'anno che ormai passa.

Euphorbia

Beautiful, the star
that at Christmas time lights up
and clears the path
of the gift that heralds
a new world, milk
that nourishes with remembrance
of the year now passing.

Euforbia

31

Gelsomino

notturno: tutt'attorno
il profumo di fragole
rosse, in alto le stelle,
luci dentro il silenzio
un po' opaco dell'erba
che cresce, o che non cresce.

Jasmine

Nocturnal: all around
the scent of red strawberries,
up in the sky the stars,
lights within the silence,
dull somehow, of the grass
growing, or not growing.

Gelsomino

32

Narciso

Si intossica il poeta
che canta le amarillidi.
Va a spasso tra le nuvole
ma ha un occhio di riguardo
per il mondo degl'inferi,
e spesso inciampa e cade.
Lo specchio non rimanda
che l'eco di ossessioni.

Narcissus

The poet who praises amaryllis
intoxicates himself.
He goes walking on clouds
but he has an eye
for the underworld,
and often stumbles and falls.
The mirror gives back
nothing but the echo of obsessions.

Narciso

33

Malva

La gran bontà dei tempi
antichi è una menzogna.
In questo mondo di belve
è sempre andata male
se non andava peggio
e tutto è vanità,
il prossimo è malvagio
e qualunque sollievo
non ha che fior del verde.

Mallow

The great goodness of the times
of old is a lie.
In this world of beasts
all has always gone wrong
if not worse,
and all is vanity,
your neighbor is evil
and any relief
is only a flourish of green.

Malva

34

Timo

Onorare gli dei
è cosa buona e giusta,
i veri come i falsi,
lo insegnano i racconti
di tante metamorfosi.
Ma chi non ha timore
di chi gli porta doni,
o danari, a sorpresa
rischia grosso, se un colpo
di tosse si trasforma
magari in un segnale.

Thyme

Honoring the gods
is good and right,
the real ones as well as the fake,
the stories of many
metamorphoses teach it.
But who has no fear
of those who bring him surprise
gifts, or money,
risks big when a single
instance of coughing turns
maybe into a signal.

Timo

35

Calendula

Le stelle sono tante,
milioni di milioni,
ma il registro dei conti
che si fanno al principio,
quando è nuova la luna,
non ne fa una ghirlanda.
Una sposa del sole
non si sveglia al mattino
per tornare a dormire
quando ancora c'è luce.

Calendula

The stars are many,
millions of millions,
but the ledger of accounts
that are done at the start,
when the moon is new,
does not make a garland of it.
A bride of the sun
does not wake up in the morning
to go back to sleep
when there is still light.

Calendula

36

Cicuta

Sapere o non sapere
distinguere il prezzemolo
nel senso della vita?
Cucirsi addosso un abito
con delle spalle larghe?
Andarsene in galera
di corsa tenendo alta
la testa e senza scrivere
due righe per gli amici?
Tacere soprattutto
che sai di non sapere?

Hemlock

To know or not to know
how to distinguish the parsley
in the sense of our life?
Sewing yourself a suit
with broad shoulders?
Going to jail running
as you hold your head high
and don't even write
a couple of lines for your friends?
Passing under silence, above all,
that you know you don't know?

cicuta

37

Tamerice

La fine di un'infanzia
tra case sparse e arbusti,
un inciampo anche al vento,
invita all'umiltà,
a guardar bene il bene,
poiché il cuore è ingannevole.

Tamerisk

The end of a childhood
among scattered houses and shrubs,
a stumble even to the wind,
invites humility,
to take a good look at the good,
for the heart is deceitful.

Tamerice

38

Gardenia

Il bianco del giardino,
che poi balza all'occhiello
di un frac, con eleganza.

Gardenia

The white in the garden,
that leaps to the eyelet
of a tailcoat, with elegance.

Gardenia

39

Edera

Carezze, poi abbracci,
fin quando si circonda
l'amato con l'ardore
di chi sta troppo addosso,
spirale di un affetto
che non lascia respiro,
erede sempreverde
del transito di un dio
di intralcio per la vita.

Ivy

Caresses, then hugs,
until you surround
the beloved with the ardor
of those who stand too close,
the spiral of affection
that leaves no breathing space,
evergreen heir
of the transit of a god
that's a hindrance to life.

Edera

40

Piantaggine

Anima per animale,
persona, personaggio
e anche pianta. Piantaggine
come pianta del piede,
come lingua d'agnello,
come lingua di cane,
come lingua di serpe,
come orecchio di lepre
con tutti i nervi tesi.

Plantain

Soul for animal,
person, character
and also plant. Plantain
as the sole of the foot,
as a lamb's tongue,
as a dog's tongue,
as a serpent's tongue,
as a hare's ear
with all its taut nerves.

Piantaggine

Rosmarino

Ricordi di una perdita
con rosmarino e ruta?
Chi cerca è un trovatore:
la rugiada del mare
è un profumo del Libano
che inebria come il vino,
che sale verso il cielo
bruciando in un turibolo.

Rosemary

Memories of a loss
with rosemary and rue?
The seeker is a finder:
the dew of the sea
is a scent from Lebanon
intoxicating like wine,
as it rises to the sky
burning in a censer.

Rosmarino

42

Tarassaco

La natura è bisbetica
e ci vuole del fegato
se stai dentro al disordine
e cerchi quadrature,
triangolazioni acute,
la firma delle cose,
il modo sacrosanto
di startene nel mondo
come un soffio di vento
ai capricci del sole.

Dandelion

Nature is shrewish
and it takes guts
to dwell inside a mess
looking for quadratures,
acute triangulations,
the signature of things,
the sacrosanct way
to be in the world
like a breath of wind
to the whims of the sun.

Tarassaco

93

Digitale

purpurea. Sì, si muore.
O se ne può morire
con le dita spruzzate
di sangue tra i profumi
di rose e violacciocche.
Rovi, ginepri e bossi
recintano un giardino:
i battiti del cuore
diventano affannati
e in agguato tra l'erba
ancora analogie.

Foxglove

Purple. Yes, you die.
or you can die from it,
with fingers sprinkled
with blood among the scents
of roses and wallflowers.
Brambles, junipers, and boxwoods
fence off a garden:
heartbeats
become harried
and lurking in the grass are
more analogies.

Digitale

44

Iperico

Persino San Giovanni
ai piedi della croce,
guardando quel costato
perforato, con l'acqua
mista al sangue che sgorga,
non seppe immaginare
il numero dei diavoli
nascosti nel dettaglio.

Hypericum

Even St. John
at the foot of the cross,
looking at that perforated
chest, with water
mixed with the gushing blood,
could not imagine
the number of devils
hidden in the detail.

Iperico

55

Passiflora

Cercare un nascondiglio
fuori della natura,
passare accanto ai fiori
con molta nonchalance,
non fermarsi a osservarli,
a odorarne i profumi,
a ricordarne i nomi,
ma tirare diritto
e calmare la mente
recitando il Te Deum.

Passionflower

Seeking a hiding place
outside of nature,
pass by the flowers
with a lot of nonchalance,
do not stop to observe them,
to smell their scents,
to remember their names,
but walk straight on
and calm your mind
reciting a Te Deum.

Passiflora

56

Mirto

Piove e piove, tu ascolta:
forse è il pianto di un angelo,
forse è un ballo di silfidi,
foglie nel bosco, lievi,
laggiù muovono al ritmo
di un canto. Forse Venere,
nuda, corre a nascondersi.

Myrtle

It rains and it rains, you listen:
perhaps it is the cry of an angel,
maybe it's a sylph's dance;
leaves in the woods, lightly,
over there, move to the rhythm
of song. Perhaps Venus,
naked, is running for cover.

Mirto

47

Papavero

La chiesa del reale
sarà un campo di grano
punteggiato di rosso?
Società immaginarie
sono lì alla portata
di un torpore cinese?
Per non prendere papere
e raccontare i sogni
si dev'essere svegli.

Poppy

Will the church of reality
be a field of wheat
dotted with red?
Are imaginary societies
there within reach
of a Chinese torpor?
Not to make slips
and narrate your dreams
you must be awake.

Papavero

48

Lavanda

Biancheria nei cassetti
di armadi e di comò,
stirata o ripiegata
da una brava massaia
e il profumo a sacchetti.
Lenzuola di cotone
di canapa o di lino
per poter riposare
con la mente pulita.

Lavender

Linen laid neatly within
wardrobe and dresser,
ironed and folded
by the keeper of the house
in scented sachet bags.
Bed sheets of cotton
of hemp of flax
in order to rest
with a clean mind.

Lavanda

Echinacea

Prevenire l'insorgere
del male, intravvederne
per tempo i primi segni:
uno sguardo incupito,
risentimenti antichi
che all'improvviso scattano
in un gesto di stizza,
un insulto gratuito,
una bestemmia al vento
col cielo che si annuvola,
presago di un disastro.

Echinacea

Preventing the onset
of illness, catching a glimpse
in time of its first signs:
a darkened gaze,
ancient resentments
that suddenly snap
in a reaction of anger,
a gratuitous insult,
a blasphemy in the wind
as the sky's getting cloudy,
foreboding disaster.

Echinacea

50

Loto

Venir fuori dal fango
per aprirsi alla luce
e acquietare ogni brama.
Nello specchio dell'acqua
si moltiplica il mondo.
Non lasciarsi ingannare
stando seduti a gambe
incrociate con gli occhi
socchiusi a mormorare
una sillaba sacra.

Lotus

Coming out of the mud
to open up to the light
and appease every craving.
In the mirror of water
the world is multiplied.
Don't be deceived
as you're sitting cross-legged
with your eyes
half closed murmuring
a sacred syllable.

Loto

51

Asfodelo

Un miele di asfodeli
presi a capo Miseno
per addolcir tisane,
fragranti ricompense
per la sera dei giorni
né buoni né cattivi,
pane bianco dei morti,
bitume infallibile
per la resurrezione.
Averne melagrane
per sé e per farne dono
alle amanti ritrose,
che tornano da mamma
quando si è a primavera!
Perciò, beati i semplici,
perché loro è il giardino
di tutte le delizie.

Asphodel

Honey from asphodels
picked at Cape Miseno
to sweeten herb teas,
fragrant rewards
for the evening of days
neither good nor bad,
white bread of the dead,
bitumen infallible
for the resurrection.
Oh one never has enough pomegranates
for oneself and to give as gifts
to reluctant lovers,
who return to their mothers
when spring comes around!
Therefore, blessed are the simple,
for theirs is the garden
of all delights.

Aspodelo

52

Ossidiana e Granato

Mettiamoci una pietra
sopra. Anzi no, mettiamocene
pure un paio. Due lapidi?
Due pietre per tracciare
la linea di un confine
che si può anche spostare
se si presenta il caso?
Segnali inaffidabili?
Monili ed amuleti?
Riferimenti ambigui
da non prender di punta?
Aculeo di scorpione
e corno di una capra
lì lì per ricordarti
di non scordare il cielo?

Obsidian and Garnet

Let us put a stone
over this. In fact no, let's put
a couple. Two tombstones?
Two stones to draw
a boundary line
that can also be moved
if the case should arise?
Unreliable signs?
Jewels and amulets?
Ambiguous references
not to take at face value?
Tail of a scorpion
and horn of a goat,
about to remind you
not to forget the sky?

Ossidiana e Granato

53

About the Author

Antonello Borra teaches Italian at the University of Vermont. He is the author of *Guittone d'Arezzo: Selected Poetry and Prose* (University of Toronto Press, 2017). His other books of poetry are *Fabbrica delle idee / Factory of Ideas* (Fomite, 2019), *Alfabestiario* (Fomite, 2013 and Lietocolle, 2009), *Alphabetabestiario* (Fomite, 2011), *Frammenti di tormenti (seconda parte)* (Lietocolle, 2006), and *Frammenti di tormenti (prima parte)* (Longo, 2000). A selection from his bestiaries appeared in German translation with the title *AlphabeTiere* (Kern Verlag, 2015). He has published Italian translations of poetry from English (Djuna Barnes, Greg Delanty, W.S. Merwin), German (Johannes Hösle, Michael Krüger,), Spanish (Roberto Sosa, José Watanabe), and Catalan (Ramon Farrés, Cinta Massip). His poems have appeared in many journals and magazines including "05401", "Crocevia", "Ecozon@", "Gradiva", "In forma di parole", "Italian Poetry Review", "L'immaginazione", "Nuovi argomenti", "Poesia", and "Steve".

About the Artist

Marco Vacchetti teaches Italian and Latin at the Liceo Classico "D'Azeglio" in his native Turin. He has taught Creative Writing at the Scuola Holden from 1995 and directed the school from 2000 to 2006. He has published *Storie dell'arte* (*Art Histories*, Rizzoli, 2000). From 2007 to 2009 he kept a column, *Pianeta Scuola*, in the daily newspaper *La Repubblica* writing on the Italian school system. He has also held seminars on Creative Writing for many educational institutions and private companies, including the *Fondazione per la Scuola della Compagnia di San Paolo, Iulm Milan, Ied Turin, Turin Polytechnic, Università di Scienze Gastronomiche Pollenzo, Unicredit, Heineken, Feltrinelli Foundation, Circolo dei Lettori,* and *Festival Spiritualità Turin*. He has just published *Disegnare un elefante: L'insegnante di liceo come professione.* (*Drawing an Elephant: The Profession of Teaching Classical High-School*, Einaudi, 2024). He is an accomplished painter and before settling for a career in teaching he worked in television advertising for the Agenzia Armando Testa.

Fomite

Writing a review on social media sites for readers will help the progress of independent publishing. To submit a review, go to the book page on any of the sites and follow the links for reviews. Books from independent presses rely on reader-to-reader communications.

For more information or to order any of our books, visit:
http://www.fomitepress.com/our-books.html

More dual language titles from Fomite
Vito Bonito/Alison Grimaldi Donahue — Soffiata Via/Blown Away
Antonello Borra/Blossom Kirschenbaum — Alfabestiario
Antonello Borra/Blossom Kirschenbaum — AlphaBetaBestiaro
Antonello Borra/Anis Memon — Fabbrica delle idee/The Factory of Ideas
Alessio Brandolini/Giorgio Mobili — Miniature Cities
Jeannette Clariond/Lawrence Schimel — Desert Memory
Lorenzo Carlucci/Todd Portnowitz — Methods
Siliva Comoglia/Giorgio Mobili — Via Crucis
Tina Escaja/Mark Eisner — Caída Libre/Free Fall
Luigi Fontanella/Giorgio Mobili — L'Adolescenza e la notte/
                                    Adolescence and Night
Johannes Hösle /Marc Estrin — Album aus Dietenbronn/Whatever Befalls
Enzo Lamartora/Michael Palma — The Dimension of Loss
Aristea Papalexandrou/Philip Ramp —Μας προσπερνά/It's Overtaking Us
Katerina Anghelaki-Rooke//Philip Ramp — Losing Appetite for Existence
Mikis Theodoraksi/Gail Holst-Warhaft — The House with the Scorpions
Paolo Valesio/Todd Portnowitz — La Mezzanotte di Spoleto/
                                    Midnight in Spoleto

More poetry from Fomite...
Anna Blackmer — Hexagrams
L. Brown — Loopholes
Sue D. Burton — Little Steel
Christine Butterworth-McDermott — Evelyn As
Christine Butterworth-McDermott — The Spellbook of Fruit and Flowers
David Cavanagh— Cycling in Plato's Cave
Rajnesh Chakrapani — The Repetition of Exceptional Weeks
James Connolly — Picking Up the Bodies
Benjamin Dangl — A World Where Many Worlds Fit
Greg Delanty — Behold the Garden
Greg Delanty — Loosestrife
Mason Drukman — Drawing on Life
J. C. Ellefson — Foreign Tales of Exemplum and Woe

Fomite

Fomite